MW00909341

LOVE

There

There is . . .

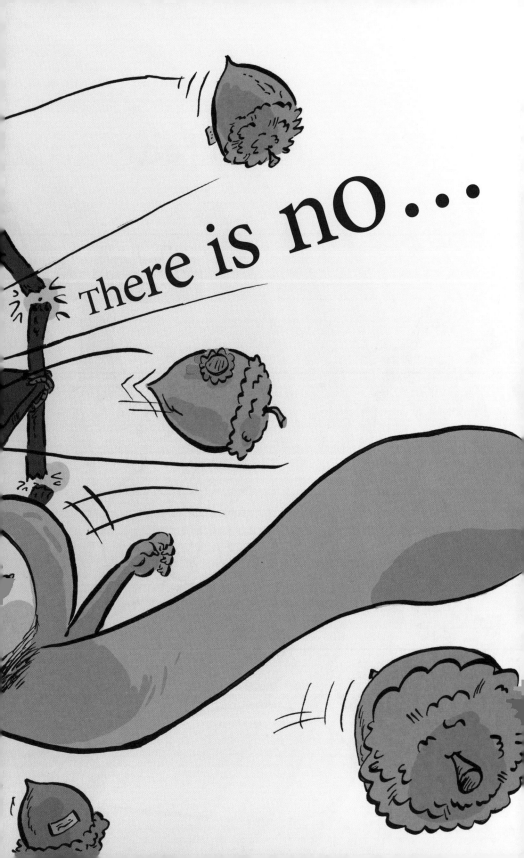

There is **no fear**

There is
no fear in

There is **no fear** in
love

There is
no fear
in love.

But . . .

There is no fear

in love.

But *perfect* love

There is **no fear** in **love**.

But **perfect love**

drives out

There is **no fear** in **love**.

But **perfect love**

drives out **fear.**

1 John 4:18a

There is __ ___ in ___.

But ____ ___ drives out ___.

1 John _:__a

Certificate of Memorization

_____

(NAME)

memorized 1 John 4:18a
on

_____

(DATE)